W0298816

IMPRESSUM

Bildernachweis:

Fotografie
Petra Stüning

Foodfotografie
Claudia Heinstein
(Blitzsaloon Berlin)

Gestaltung:

Pro Klinik Holding GmbH
Abt. Grafik & Design

Herausgeber und Autor:

Dirk Bismark
Facebook: Im Endeffekt Dirk Bismark

Co-Autorin:

Susanne Finsterer

Publizierender Verlag:

Grebennikov Verlag GmbH
www.grebennikov.de
www.explorise.de

ISBN: 978-3-941784-21-5
1. Auflage 2012

Alle Rechte vorbehalten. Nachdruck, auch auszugsweise, sowie Verbreitung durch Film, Funk, Fernsehen und Internet, durch fotomechanische Wiedergabe, Tonträger und Datenverarbeitungssysteme jeglicher Art nur mit schriftlicher Genehmigung des Autors.

im endeffekt: Dirk Bismark

Märkische Küche neu interpretiert

Grebennikov
Verlag

INHALT

VORWORT

„Die Königin der Kochrezepte ist die Phantasie.“

Früher hat der Mann der Frau beim Abwaschen geholfen.
Heute hilft die Frau dem Mann beim Abtrocknen.

Im Endeffekt ... Dirk Bismark

Endeffekt:

DIE MARK BRANDENBURG LÄDT EIN

DIE RUPPINER SCHWEIZ
- Ein Teil der Mark Brandenburg

Die Ruppiner Schweiz liegt im Norden Brandenburgs. Ein lang gestrecktes hügeliges Waldgebiet, welches die Kyritz-Ruppiner Heide, die Rheinsberger Seenlandschaft und die Schorfheide umfasst. Eigentlich erinnert die Ruppiner Schweiz nicht an das Bild von großen Bergmassiven, das ich selbst von der Schweiz habe. Unsere Schweiz ist eine liebenswerte, leicht bergige Landschaft, die vor allem durch unberührte Natur besticht.

Mein liebster Teil der Ruppiner Schweiz ist das Naturschutzgebiet Ruppiner Seenrinne. Diese bezeichnet eine Seenkette mit einer 40 Kilometer langen Wasserstraße, die ich selbst noch nicht einmal ganz durchpaddelt habe.

Unser Freund Theodor Fontane durchwanderte die Ruppiner Schweiz und beschrieb Ihren Zauber in den „Wanderungen durch die Mark Brandenburg“. Ich muss Ihnen nun nicht sagen, dass er von unserer Landschaft damals ebenso begeistert war, wie unsere Gäste heute. Die Ruppiner Schweiz ist eben zeitlos schön.

RUPPINER SEEN -
und Kulturland

Es beginnt nur wenige Kilometer nördlich von Berlin und ist reich an Natur und Kultur. Das Ruppiner Land entdecken viele beim ärgerlichen Umfahren von Staus auf Autobahnen und kehren dann bewusst als Urlauber oder Wochenendausflügler zurück. Wir haben immer wieder Gäste, die uns erzählen, dass sie niemals geahnt hätten, wie schön es hier ist. Dies macht im Übrigen auch Sinn, denn unsere schützenswerte Region eignet sich für sanften Tourismus und Besucher, die sich den Respekt vor der Natur bewahrt haben.

Man muss nicht gleich mit dem Heißluftballon fliegen, um zauberhafte Ausblicke zu erhalten. Auf dem Fahrrad, in der Draisine oder einfach nur im Auto fährt man durch prächtige Alleen, herrschaftliche Städte wie Rheinsberg oder durch wunderbar kühlende Wälder. Im Ruppiner Land gibt es Gutshäuser und Kirchen aus Backsteinmauern, aber auch liebevolle kleine von Einheimischen geführte Cafés. Das Kuchenangebot ist groß und familienfreundlich preiswert.

Bootfahrer schätzen unsere natürlich belassenen Ufergürtel, die an Heidelandschaften vorbei führen. Kindern kann man vom Wasser aus das Leben von Störchen, Reihern oder Fischadlern näher bringen. Mein kleiner Sohn freut sich am meisten über Biber, die hier zutraulich nahe an den Booten vorbei schwimmen.

Die wohltuende Stille der Natur wird ergänzt durch ein reichhaltiges Kulturangebot, das Einheimische und Urlauber gleichermaßen wahrnehmen. Weit über die Landesgrenzen hinaus ist die Kammeroper Schloss Rheinsberg bekannt. Vor allem die Berliner reisen hierzu gern an. Dann gibt es ein Sommertheater, Galerien, Museen und immer wieder Spuren von Theodor Fontane. Es empfiehlt sich die „Wanderungen durch die Mark Brandenburg“ zu lesen, wenn man das Ruppiner Land entdecken möchte.

„Weit weg vom Alltag und doch so nah, eben eins von den stillen."
(Theodor Fontane)

Nach meinen Jahren in Hamburg und Sylt kann ich guten Gewissens behaupten, dass meine Familie und ich hier alles haben, was wir uns wünschen.

FONTANESTADT NEURUPPIN

- wenn ich nicht schon hier leben würde, würde ich hier wenigstens Urlaub machen!

Die Stadt Neuruppin kann auf eine 750-jährige Geschichte zurückblicken, trägt aber erst seit 1998 ihren Beinamen, der an den berühmtesten Sohn des Ortes erinnert. Die „Fontanestadt Neuruppin" reklamiert damit ganz stolz, ein ganz besonderer Anlaufpunkt für Touristen zu sein, die sowohl Natur als auch Kultur suchen.

Neuruppin liegt günstig gelegen zwischen Berlin und Hamburg und wird von Urlaubern aus beiden Metropolen auch entsprechend frequentiert. Ich freue mich immer besonders über Hamburger, weil ich selbst lange dort gearbeitet habe.
Wir Neuruppiner profitieren ebenso wie unsere Gäste von den Radwanderwegen, die in herrliche Wald- und Seenlandschaft führen. Tagesausflüge nach Rheinsberg oder Lindow kann man auch gut mit Kindern machen.
Nach den sportlichen Aktivitäten erholen sich viele gerne in der neu errichteten Seesauna, die sogar das Abkühlen direkt im Ruppiner See ermöglicht. Baden im Thermalwasser, Personal-Training und Hausschlachtungen - es gibt eigentlich nichts, was es nicht gibt.

Mit unserem Sohn besuchen wir gern den nahe gelegenen Tierpark Kunsterspring, wo Tiere in ihrer natürlichen Umgebung artgerecht gehalten werden. Dann gibt es viele große Events, bei denen ich meinen Kleinen immer geschickt an der Zuckerwatte vorbei lotse. Empfehlen kann ich das Mai- und Hafenfest und den Martinimarkt im November.

Wenn wir privat Gäste haben, buchen wir auch immer gern eine der berühmten Stadtführungen. Bei diesen kostümieren sich Stadtführer als berühmte Persönlichkeiten wie Karl Friedrich Schinkel und zeigen die Stadt aus deren Blickwinkel.

In Lindow (die „Stadt der 3 Seen") gibt es eine Klosterruine, die man gleich im Doppelpack mit den „Lindower Sommermusiken" aufsuchen sollte. In der barocken Stadtkirche machen jährlich von Juni bis August hochkarätige Musiker halt.

Musikfreunden gebe ich auch den Tipp, sich die Banzendorfer Kulturscheune und die Musikscheune Vielitz anzuschauen. Hört sich einfach an, steckt aber viel dahinter.

Nach Neuruppin kann man übrigens auch mit dem Boot fahren. Zum Beispiel von Berlin aus.

Traumhaft!

BRANDENBURGER KÜCHE

BRANDENBURGER KÜCHE UND WAS ES UM UNS HERUM SO LECKERES GIBT

Die Brandenburger, Berliner und auch Mecklenburger lieben es deftig. Gerichte, die hier auf den Tisch kommen, sind geprägt durch die schlesische und ostpreußische Küche. Letztere ist mir als Kind vor allem durch die Königsberger Klopse vertraut, die es immer wieder einmal bei meiner Großmutter gab.

Die Berliner lieben Eisbein, Kasseler, Bockwurst, Boulette und Currywurst, schätzen aber auch Gerichte aus Ost- und Südosteuropa wie Soljanka oder Letscho. Kulturell ist dies einfach zu erklären: Die Küche der DDR lebte auch von der Durchlässigkeit der Kultur gen Osten. Und dazu gehörte dann natürlich auch die Esskultur.

Brandenburg und seine Bauern haben sich enorm entwickelt. Zu meiner eigenen großen Freude werden inzwischen hervorragende landwirtschaftliche Erzeugnisse produziert. Oft auch im biologischen Anbau, sodass viele Köche mit frischen, regionalen Produkten arbeiten, die vor allem bei alten Rezepten aus der Region Sinn machen. So ist Brandenburg berühmt für Torten und Kuchen (beispielsweise Plinsen, Eierkuchen, Windbeutel und Klemmkuchen) und die backe ich besonders gern aus den wunderbaren heimischen Zutaten.

„Gemüsegarten Berlins“ - so wird auch das Umland von Berlin genannt und ist dadurch überregional bekannt.

Beelitzer Spargel, Teltower Rübchen, Spreewälder Gurken, Weißkohl und noch vieles mehr schmücken die Felder in Brandenburg.
Die Kartoffel ist ein fester Bestandteil in Brandenburg, da Friedrich der Große, auch der Kartoffelkönig genannt, mehr oder weniger die Kartoffel in Preußen eingeführt hat.

Die zahlreichen Wälder in Brandenburg verfügen über ein reichliches Pilzvorkommen zum Beispiel mit Pfifferlingen, Maronen und Steinpilzen. Diese gedeihen in einem guten Jahr reichlich unter der deutschen Eiche und sind ein fester Bestandteil in den Speisenkarten der Gasthäuser in Brandenburg.
Neben dem bekannten und leider nicht bei jedem mit der Region verbundenen Fürst-Pückler-Eis, gibt es im Fläming einen herrlichen Klemmkuchen und in der Prignitz das „Nationalgericht“ Knieperkohl.

Sie sehen, wie vielfältig die Brandenburger Küche sich ihren Gäste vorstellt.

SALZE UND KRÄUTER
Meine wichtigsten Zutaten und deren Bedeutung

SALZE

In meiner Küche verwende ich ganz unterschiedliche Salze, die ich Ihnen unbedingt ans Herz legen muss! Hier stelle ich meine persönlichen Lieblinge vor, die ich unermüdlich meinen Gästen zuhause und im Restaurant zum Vergleich anbiete.

WEISSES HAWAII SALZ -
White Hawaiian Sea Salt

Das hawaiianische Salz ist besonders reich an Spurenelementen und Mineralien und schmeckt intensiv salzig. Nein, keine Ironie! Salze schmecken wirklich unterschiedlich und vor allem unterschiedlich stark. Das weiße Hawaii Salz wird auf der hawaiianischen Insel Molokai gewonnen und in einem modernen Fertigungsprozess mit dem Dampf von gefiltertem Meerwasser angereichert. Das Salz ist weiß, wahlweise fein oder grobkörnig und eignet sich sehr gut zum Nachwürzen am Tisch.

ROTES HAWAII ALAEA SALZ -
Red Hawaiian Alaea Salt

Auch das rote Alaea Salz ist reich an Spurenelementen und Mineralien. Es erfüllt zu 100 Prozent den Anspruch, den wir heute an Lebensmittel und Gewürze stellen, nämlich die Vorteile der jeweiligen Ursprungsregionen zu nutzen. So belässt die Abgelegenheit der hawaiianischen Inseln das dort gewonnene Salz besonders rein und unbelastet. Die rötliche Farbe kommt von der eisenoxidhaltigen vulkanischen Tonerde der Alaea.

SCHWARZES HAWAII SALZ -
Hawaiian Black Lava Sea Salt

Mit dem tiefschwarzen Hawaii Salz überrasche ich oft meine Gäste. Die Farbe erhalten die feinen Körner durch die Anreicherung mit Aktivkohle. Sie werden überrascht sein, wie intensiv winzige Mengen des Salzes schmecken können! Doch nicht nur die Farbe macht das Salz so außergewöhnlich. Die Aktivkohle wirkt antioxidant und verdauungsfördernd.

FLEUR DE SEL

Fleur de Sel („Blume des Salzes“ oder auch „Königin der Salze“) ist das feinste und edelste Salz - und wohl auch das am meisten verwendete in guten Kochsendungen. Es wird von Salzbauern, die ihre Salzgärten mit Meerwasser durchfluten, in reiner Handarbeit gewonnen. Durch die Sonne verdunstet das Wasser in deren Anlagen und die Salzkonzen-tration im Salzbecken steigt. Die Bezeichnung „Fleur“ ist nicht zufällig gewählt: An heißen und windigen Tagen entstehen durch die Verdunstung des Meerwassers an der Wasseroberfläche winzig kleine Salzblumen. Diese werden von den Bauern mit einer Holzkelle abgeschöpft und getrocknet. Und genau so unbehandelt wird das Salz in den Verkauf gegeben.

KRÄUTER

Frische und reichhaltige Kräuter sind das A und O einer guten Küche. Gute Produkte machen mich mit ihrem wunderbaren Eigengeschmack immer wieder glücklich. Die gezielte Verwendung solcher Kräuter bringt exakt den Geschmack, den ich mir von einem Gericht wünsche.

ROSMARIN

... hat einen sehr intensiven, aromatischen Geruch. Es schmeckt harzig und leicht bitter. Wer eine besonders feine Zunge hat, fühlt sich an Eukalyptus erinnert. Praktizierende Katholiken sollten beim nächsten Kirchengang die Augen schließen, wenn der Duft von Weihrauch durch das Kirchenschiff strömt. Das Aroma von Rosmarin ähnelt diesem sehr.

SALBEI

Der Name Salvia stammt vom lateinischen Wort salvare und das heißt übersetzt „heilen“. Schon im Mittelalter wurde das Kraut zur Linderung von Magen- und Darmschmerzen und bei Grippeschüben verwendet. Einige Salbeiarten enthalten einen besonders hohen Anteil an ätherischen Ölen, und eben diese wirken unter anderem antibakteriell. Tee aus Salbei vermag sogar starkes Schwitzen zu lindern. Als Kind musste ich Mund und Rachen mit Salbeitee spülen, wenn ich erkältet war. Damals wusste ich das aromatische Gewürz allerdings noch nicht zu schätzen – vermutlich, weil es leicht bitter ist und so gar nicht zum Geschmacksempfinden eines Neuruppiner Bengels passte. Heute hält mich Salbei schon alleine deswegen gesund, weil mir sein einzigartiger und guter Geschmack einfach gute Laune macht. Salbei passt ganz wundervoll zu warmer Butter und zu Kalbfleisch.

THYMIAN

... kann immer gut mitgekocht werden! Wenn ich einen schwächeren Geschmack erzeugen möchte, füge ich Thymian erst kurz vor dem Garwerden zu. Unerlässlich ist der von mir häufig verwendete Thymian bei der Zubereitung von Suppen, vor allem bei der Bohnensuppe. Ganz wichtig: Wegen seines starken Eigengeschmack verträgt sich Thymian nur mit ebenso aromatisierenden Kräutern wie Majoran, Petersilie oder Lorbeer. Mit Majoran bildet er übrigens DAS Traumpaar bei der Herstellung von Wurst. In Schottland trinkt man Tee aus Thymian zur Stärkung, zur Ermutigung und zur Abwehr von Albträumen. Die alten Pharaonen sollen damit einbalsamiert worden sein. Ich sage es doch schon immer: Thymian ist ein Gewürz für Helden und Könige!

KNOBLAUCH

... darf nicht zu braun werden, weil er sonst bitter schmecken kann! Diese Feststellung ist mir ganz wichtig, da man doch eigentlich denkt, dass man über Knoblauch schon alles weiß. Vieles wurde über seine antibakterielle Wirkung und über die hilfreiche Unterstützung bei der Abwehr von Vampiren geschrieben. Unbekannt dürfte hierzulande sein, dass der Knoblauch in Österreich auch als „Vanille des armen Mannes“ bekannt ist. Der „Vanille-Rostbraten“ wird somit nicht mit Vanille, sondern mit Knoblauch gewürzt.Bei meinen Rezepten spielt Knoblauch nicht nur wegen seines Eigengeschmacks eine große Rolle, sondern auch wegen seiner löblichen Eigenschaft, das Gericht insgesamt im Geschmack zu stärken. Eigentlich sollte ich ein Gewinnspiel machen: wie viele Zehen Knoblauch finden sich insgesamt auf den Zutatenlisten in diesem Buch?

Suppen

ALEXANDRAS UR-BRÜHE
ODER Die Hühnerbrühe meiner Uroma

Wir brauchen ...

1 Huhn (am besten aus eigener Schlachtung)
4 große Möhren
1 Stange Lauch
1 kleine Knolle Sellerie
1 große Zwiebel
3 große Kartoffeln
Salz

Wichtig bei diesen Zutaten ist, dass alles aus dem eigenen Garten kommt oder von einem Bio-Bauern, um wirklich einen extrem frischen Geschmack zu bekommen.

Wir machen ...

Zuerst muss man das Huhn waschen und die Keulen vom Tier abtrennen. Dann die Innereien gut abspülen, alles mit kaltem klaren Wasser in einen Topf geben und zehn Minuten ruhen lassen. Danach die Möhren schälen, den Sellerie waschen und mit der Schale in acht gleiche Teile schneiden. Die Stange Lauch anschließend dritteln. Sie ahnen es: Das Suppengemüse kommt nun natürlich zum Huhn in den Topf. Jetzt die Zwiebel schälen, in vier gleiche Teile schneiden und mit den Kartoffeln (nur schälen, nicht schneiden!) in den Topf geben.

Den Inhalt meines Topfes bringe ich nun langsam zum Kochen. Sobald alles kräftig kocht, direkt auf die kleinste Stufe runter schalten. Jetzt kommt das Wichtigste: Wir müssen die Brühe mindestens acht Stunden auf kleiner Flamme ziehen lassen. Danach dem Sud noch einmal bis zum nächsten Tag Zeit zum sogenannten Auslaugen geben!

Es dauert alles zwar sehr lange, aber der extrem frische und unvergessliche Geschmack wird das geduldige Warten belohnen.
Zum Schluss entferne ich das Huhn und das Gemüse und schneide beides in die gewünschte Größe, am besten mundgerecht für den Suppenlöffel. Als Kind habe ich immer alles gleich aus dem Topf genascht. Das Gemüse ist butterweich und extra lecker.
Die Brühe muss man nun noch mit den klein geschnittenen Zutaten aufkochen und mit Salz würzen. Fertig!

Kleine Geschichte ...

Es gibt so viele Macharten, eine Brühe zu kochen, aber die Brühe meiner Uroma ist die beste der Welt. Das liegt nicht nur am Geschmack, sondern natürlich auch daran, dass sie mit so viel Liebe zubereitet war. Und deshalb ist sie mir bis heute im Gedächtnis und auf der Zunge geblieben.

Die Hühnerbrühe war der entscheidende Baustein meines Willens, Koch zu werden, nach unterschiedlichsten Geschmäckern zu jagen, diese zu erforschen und kennen zu lernen. Mir ist es bis heute nicht gelungen, die Brühe meiner Uroma so herzustellen, dass sie schmeckt wie bei ihr. Ich weiß nicht, was ich anders mache. Vielleicht hat sie die Möhren vorher gestreichelt oder das Wasser aus dem Dorfbrunnen geholt. Keine Ahnung. Fakt ist nur, dass sie mit sehr viel Leidenschaft und Liebe für unsere ganze Familie gekocht wurde.

Danke Oma.

Preußisch-protestantische Belugalinsensuppe mit Ruppiner Krebsschwänzen

Kleine Geschichte ...

Die Linsensuppe ist ein echter Hoffnungsträger in harten Zeiten gewesen. Die Hülsenfrüchte gelten als Symbol für Kleingeld, und wenn man die Suppe gegessen hat, soll das Reichtum und Glück im nächsten Jahr bringen. Aus eigener Erfahrung kann ich aber sagen, dass diese Rechnung nicht zwingend aufgeht.

Wir brauchen ...

300g Belugalinsen (schwarze Berglinsen)
150g Krebsschwänze
1 große Kartoffel
1 große Möhre
1 Bund Frühlingslauch
2 Knoblauchzehen
50g getrocknete Tomaten
½ Knolle Sellerie
1 Bund Kerbel

Wir machen ...

Zuerst muss man die Linsen in einen Topf mit lauwarmem Wasser legen und kurz quellen lassen.

Dann die Kartoffeln, die Möhren und den Sellerie putzen und zusammen mit den getrockneten Tomaten in kleine Würfel schneiden. Das Gemüse gebe ich nun mit dem klein gehackten Knoblauch in meinen Topf mit den Linsen und bringe alles zum Kochen. Wenn die Linsen weich gekocht sind, ist meine Suppe als Linsensuppe auch schon fertig.
Preußisch-protestantisch wird sie mit klein geschnittenem Frühlingslauch, gehacktem Kerbel und den Krebsschwänzen. Diese Köstlichkeiten werden noch fünf Minuten in der Suppe mit gekocht.

Diese Suppe schmeckt übrigens nicht nur höllisch gut, sondern macht auch noch ordentlich satt. Also ganz schön viel Trost für den entgangenen Reichtum!

Kleine Geschichte ...

Die Sieglinde-Kartoffel ist eine Moorpflanze und wir haben viel Moor in Brandenburg. Meine liebste Knolle schmeckt sehr rauchig und würzig und wird meist mit der Schale gegessen.

Sieglinden-Fischsuppe à la Bismark - mit Hecht und Basilikum

Wir brauchen ...

300g Seehecht
200g Sieglinden-Kartoffeln
12cl Pernod
12cl Nolly Part
1 Fenchelknolle
1 Zwiebel
5 große Tomaten
200g Champignons
1 große Möhre
½ Knolle Sellerie
1 Bund Basilikum
Meersalz und weißen Pfeffer
80g brauen Zucker
500ml Wasser

Wir machen ...

Los geht es mit dem Alkohol: Pernod und Nolly Part werden zusammen mit 500ml Wasser in einen großen Topf gegeben. Dazu kommen dann, alles in Scheiben geschnitten, der Fenchel, eine geschälte Zwiebel, die Tomaten und die Champignons. Nun die Möhre und den Sellerie schälen und klein schneiden, mit in den Topf geben und etwa 40 Minuten leicht kochen. In dieser Zeit kann man sich dann schon einmal über den Duft in der Luft freuen.

Nach der inspirierenden Pause alles durch ein feines Sieb in einen zweiten Topf gießen und mit Meersalz und weißem Pfeffer abschmecken. Dazu gebe ich dann den braunen Zucker. Jetzt die Sieglinden Kartoffeln in der Schale waschen, in Scheiben schneiden, mit in die Brühe geben und weich kochen. Sobald die Kartoffeln gar sind, den Seehecht in 2cm große Stücke schneiden und kurz aufkochen lassen.
Wer möchte, kann das gekochte Gemüse auch als Einlage verwenden und mitessen. Muss man aber nicht.

Zum Schluss den gezupften Basilikum in die Brühe geben.

Teltower Rübchensuppe
mit gebratenen Pastinaken-Speck-Croutons

Kleine Geschichte ...

Eigentlich sind die Teltower Rübchen einfach nur besonders gute Speiserüben aus der Region Teltow. Aber: sogar Goethe und Kant haben unser wunderbares Gemüse erwähnt, und unsere Rübchen sollen auch am französischen Hof gegessen worden sein.
Deswegen wird die Rübchensuppe mit den Pastinaken auch nur mit Teltower Rübchen gelingen!

Wir brauchen ...

500g Teltower Rübchen
150g Pastinaken
50g Schinkenspeck
20g Butterschmalz
150g Butter
1 große Kartoffel
1 Zwiebel
2 Knoblauchzehen
50ml Sahne
500ml Milch mit 3,5% Fettgehalt
Meersalz und weißen Pfeffer

Wir machen ...

Zuerst schäle ich die Rübchen und die Kartoffel und schneide sie zusammen mit den Zwiebeln und dem Knoblauch in kleine Stücke. Dann koche ich alles in einem Topf mit etwas Wasser - so lange, bis meine Zutaten weich sind. Dann mit der Milch und der Butter fein mixen. Dafür nimmt man am besten einen Pürierstab. Schließlich noch mit Salz und Pfeffer abschmecken.

Jetzt geht es an die Einlage! Zuerst die Pastinaken putzen, in kleine Würfel schneiden und mit dem Butterschmalz goldbraun anbraten. Dann den Speck ebenfalls klein schneiden und mit in die Pfanne geben. Zum Schluss kommen der Speck und die Pastinaken als Croûtons natürlich auf die Suppe.

Jetzt haben wir eine leckere Mahlzeit für Freunde und Familie.

Tomatensuppe à la Dirk Bismark

Wir brauchen ...

1kg geschälte Tomaten
200g Butter
500ml Olivenöl
1 Bund Basilikum
3 Zweige Thymian
3 Zweige Rosmarin
3 Zweige Salbei
1 große Zwiebel
2 Knollen Knoblauch
Meersalz und weißen Pfeffer

Wir machen ...

Die geschälten Tomaten gebe ich zuerst in einen Topf, bringe sie zum Kochen und lasse sie danach noch ein wenig auf kleiner Stufe weiter köcheln.

Die Butter und das Olivenöl kommen in einen zweiten Topf und werden miteinander so lange erwärmt, bis die Butter schmilzt. Alle anderen Zutaten schneide ich grob und vermische sie mit meiner Butterölsoße. Die Zwiebel und den Knoblauch verwende ich dabei mit der Schale. Das Ganze koche ich nun, bis die Zwiebeln leicht braun geröstet sind. Dann den Sud durch ein Sieb in die noch leicht köchelnden Tomaten gießen.

Wenn die Tomatenmischung nun sehr fettig aussieht, haben Sie alles richtig gemacht. Sie sind aber mit der Zubereitung noch nicht ganz fertig. Jetzt wird etwa 4 Minuten mit dem Stabmixer püriert, damit sich das Fett mit den Tomaten verbindet. Zum Schluss mit Meersalz und Pfeffer abschmecken und schon fühle ich mich in meinem kleinen Brandenburg ein bisschen wie in Italien!

Kleine Geschichte ...

Die Tomate oder meine Lieblingsbezeichnung Liebesapfel hatte sehr viel andere Bezeichnungen, bevor ein schlauer Mann auf den Namen Tomate gekommen ist. Die Tomate ist nach Aufzeichnungen seit 200 v. Chr. bekannt, kam aber erst Anfang 1900 zu uns nach Deutschland.
Sie wurde zuerst im Süden Deutschlands verwendet, hier meist in Soßen, Suppen und Salaten.
Die Tomate brauchte viel Zeit, um sich in Deutschland zu verbreiten. Und so findet man sie heute in jeden Kühlschrank. Am besten schmeckt sie aus dem eigenen Garten.

SAFPRO

Gemüse

Steinpilz trifft Berliner Melone (Kürbis)

Wir brauchen ...

300g frische Steinpilze
300g Kürbis
Kerbel
Basilikum
Salbei
1 Schalotte
1 Knoblauchzehe
20g Butterschmalz
2cl weißen Balsamicoessig
5g braunen Zucker
Meersalz und weißen Pfeffer

Wir machen ...

Den Kürbis müssen wir zuerst in kleine Stücke aufteilen, um dann feine Scheiben abschneiden zu können. Dann putzen und halbieren wir die Pilze.

Nun alle Kräuter und den Knoblauch klein hacken und die Schalotte in feine Würfel schneiden.

Dann die Pilze mit dem Butterschmalz kurz anbraten und die Kürbisscheiben mit den gehackten Schalotten zugeben. Das Ganze mit Salz und weißem Pfeffer würzen. Diesen empfehle ich, weil der Geschmack etwas feiner als bei den schwarzen Körnern ist.

Zum Schluss noch den weißen Balsamicoessig mit in die Pfanne geben, alles mit Zucker bestäuben, noch einmal kurz alles schwenken und FERTIG!

Meine Frau mag das leckere Gemüse übrigens am liebsten zu Fleisch. Mein Sohn genießt noch ganz pur, was sich möglicherweise mit zunehmendem Alter ändern wird.

Kleine Geschichte ...

"Berliner Melone" nennt der Berliner in seinen Kleingärten vor der großen Stadt den Kürbis. Das ist typischer Kleingarten-Schnack. Die Pilzsammler in der märkischen Schweiz setzen den großen Kürbissen der nahen Großstadt ihre Vielfalt an Pilzen entgegen. Mit einer ausnahmslos harmonischen Verbindung beider Zutaten versöhne ich hiermit die Großstädter mit den Landbewohnern. Berlin-Brandenburg funktioniert in der Küche nämlich ganz gut!

Sieglinden-Kartoffeln mit Lorbeer & brandenburgischem Ziegenkäse

Wir brauchen ...

300g Sieglinden-Kartoffeln
100g Ziegenkäse
10 Lorbeerblätter
3 Zweige Thymian
2 Knoblauchzehen
Meersalz & weißen Pfeffer

Wir machen ...

Die Kartoffeln mit der Schale im Salzwasser kochen. Den Knoblauch, kurz mit der Handfläche angedrückt, und Thymian mit zu den Kartoffeln, sodass der Geschmack ausgekocht werden kann.
Die fertigen Kartoffeln längs ein wenig einschneiden und mit Ziegenkäse füllen. Auf den Ziegenkäse das Lorbeerblatt stecken und bei 180 Grad für circa 15 Minuten in den Backofen, ... und dann guten Appetit!

Passt natürlich zu Fisch & Fleisch und ist im Sommer ein absolutes Muss zum BBQ.

Kleine Geschichte …

Die Kartoffel, oder gern Erdapfel genannt, stammt laut der Geschichtsbücher aus Südamerika, also von ganz schön weit her.
Nach Europa kam der Erdapfel dann nur durch Zufall, worüber ich aber sehr froh bin.
Es gibt so viele leckere Sorten (ich verwende mindestens 3 verschiedene Sorten gleichzeitig auf meiner Speisekarte), man kann so viel aus der Kartoffel machen und sie schmeckt einfach.

In Ruppiner Klosterlikör karamellisierte Märkische Rübe mit gebackenem Bacon

Wir brauchen ...

500g Teltower Rübchen
(es geht auch eine andere Rübenart)
200g Butter
150g Puderzucker
50g braunen Zucker
4cl Ruppiner Klosterlikör
(oder einen anderen milden Kräuterlikör)
150g Bacon (Schinkenspeck)
Meersalz

Wir machen ...

Den Bacon lege ich in einzelnen Scheiben auf ein Blech und lasse ihn bei 180 Grad etwa 20 Minuten im Ofen backen, bis er kross ist.

Dann putze ich die Rübchen und koche sie in gesalzenem Wasser. Wichtig: Sie müssen noch Biss haben.

Nun Butter in eine Pfanne geben und mit dem Zucker auflösen, die Rübchen zufügen und mit Ruppiner Klosterlikör ablöschen. Das Ganze mit Puderzucker vermengen und noch einmal kurz erhitzen.

Alles schön anrichten und zusammen mit dem Bacon essen.

Die Rübchen passen auch sehr gut zu kurz gebratenem Fleisch und zum BBQ im Sommer.

Kleine Geschichte ...

Die Rübe zu karamellisieren ist eine typische brandenburgische Machart. Damit sind wir als Kinder groß geworden. Und ich weiß jetzt schon, dass die Rübchen das erste Gericht sein werden, dessen Zubereitung ich an meinen Sohn weiter geben werde. Ohne den Likör natürlich!

Schmorgurken mit Schnittlauch und Birne

Wir brauchen ...

2 große Schmorgurken (oder auch ganz normale Gurken)
1 Birne
1 Bund Schnittlauch
2cl Weißweinessig
30g braunen Zucker
20g Butter
1 Prise Salz

Wir machen ...

Zuerst schneiden wir eine geschälte und von ihren Kernen befreite Gurke in gleichmäßige Stücke. Dann geben wir Weißweinessig und braunen Zucker in einen Topf und kochen das süßsaure Gemisch mit ca. 200ml Wasser auf. Die Gurken hinzu fügen und schmoren lassen, bis die Flüssigkeit verdampft ist.

Dann geben wir die Butter unter die warme Gurkenmasse und lassen das Ganze noch einmal kurz anschmoren. Zum Schluss geschnittenen Schnittlauch und eine in kleine Würfel gehackte geschälte Birne unterrühren. Fertig!

Kleine Geschichte ...

Die Schmorgurke ist ein ostpreußisches Gericht und wird besonders gerne in den Berliner und Brandenburger Küchen zubereitet. Viele meiner Gäste sind erst sehr skeptisch und lassen sich nur zögerlich auf eine kleine Geschmacksprobe ein. Über die positive Überraschung wegen des sehr feinen säuerlichen Geschmacks kann ich mich dann aber jedes Mal freuen.

Schmorgurken passen perfekt zu Fischgerichten, aber auch zu Rühreiern oder ganz einfach zu Kartoffeln. Und sie passen zu einem meiner Lieblingssprüche:
Es gibt Köche und es gibt Köche!

Der Blaue Schwede mit heimischem Maränenkaviar

Kleine Geschichte ...

Blaue Schweden sind eine uralte Kartoffelsorte, die zu meiner großen Freude gerade wieder sehr beliebt und sogar im Supermarkt zu finden ist.

Kleiner Tipp von mir: Die Blauen Schweden machen sich auch gut beim Kindergeburtstag als Püree, denn das hat dann die schöne Farbe Lila.

Wir brauchen ...

300g Blaue Schweden
20g Maränenkaviar
20g Butter
1 Zweig Thymian

Wir machen ...

Die Kartoffeln koche ich zuerst mit der Schale in Salzwasser. Dann pelle ich meine Blauen Schweden, halbiere sie und brate sie in der Pfanne in Butter an.
Anschließend den Thymianzweig kurz dazugeben und mit Salz abschmecken. Auf einen Teller drapieren und mit Maränenkaviar servieren.

Wenn man den Kaviar gern ersetzen möchte: Die Blauen Schweden passen auch gut zu Fischgerichten.

Spargel

Wie koche ich meinen Spargel?

Wir brauchen ...

1kg weißen Spargel
2 Orangen
2 Limetten
3 Stangen Zitronengras
4 Zweige Zitronenthymian
Meersalz und braunen Zucker

Wir machen ...

Zuerst bringe ich Wasser mit Salz und Zucker zum Kochen. Dann gebe ich Zitronenthymian und Zitronengras kurz dazu und entferne den verkochten Thymianzweig. Das Zitronengras bleibt im Topf.

Dann schneide ich Orangen und Limetten klein und gebe sie zusammen mit geschältem, weißen Spargel ins Wasser, das ich so lange koche, bis der Spargel die gewünschte Garstufe erreicht hat.

Das Zitronengras und der Thymian verleihen dem Spargel einen sehr feinen und milden säuerlichen Geschmack. Dieser passt zu jedem Gericht.

Kleine Geschichte …

Mein liebster Spargelhof ist der von Familie Pelzer geführte Spargelhof Baselitz in der kleinen Gemeinde Dreetz im Landkreis Ostprignitz-Ruppin. Zu Beginn der Spargelsaison schaue ich immer persönlich vorbei und esse eine frisch gestochene Stange vom Feld roh. Wie herrlich frisch unbehandelter Spargel schmeckt, können sich viele nicht vorstellen. Ich empfehle, den Lieben Zuhause kleine Stückchen im grünen Salat unterzuschmuggeln und bis zum Genuss offen zu lassen, um welche Frucht es sich handelt. Ich freue mich selbst jedes Mal über das Aha-Erlebnis!

Lauwarmer Spargel-Schmorgurkensalat mit Knoblauch Lachs

Wir brauchen ...

500g Lachs
100g weißen Spargel
100g grünen Spargel
2 große Schmorgurken (oder auch ganz normale Gurken)
1 Bund Schnittlauch
2cl Weißweinessig
30g braunen Zucker
20g Butter
1 Prise Salz
200g Butter
6 Knoblauchzehen
1 Zweig Salbei
50g braunen Zucker
Meersalz und weißen Pfeffer

Wir machen ...

Zuerst schäle ich die Spargelstangen und die Gurken und schneide beides in mehrere gleichmäßige Stücke. Den Spargel dann abkochen (S. Seite 42) und die Kerne der Gurken entfernen.

Dann gebe ich Weißweinessig und braunen Zucker in einen Topf und koche das süßsaure Gemisch mit etwa 200ml Wasser auf. Anschließend füge ich die Gurken hinzu und lasse das Ganze schmoren, bis die Flüssigkeit verdampft ist. Nun Butter unterrühren, noch einmal kurz anschmoren lassen und zum Schluss mit klein geschnittenem Schnittlauch und den abgekochten Spargelstücken vermischen.

Für die Zubereitung vom Lachs erwärme ich Butter in einem kleinen Topf, damit sie flüssig wird und gebe diese zusammen mit Salbei und klein gehacktem Knoblauch in einen Messbecher. Dann alles mit dem Zauberstab mixen.

Den Lachs schneide ich in drei gleiche Teile und brate ihn in einer Pfanne an. Dann mit der Knoblauchbutter übergießen und alles im Backofen bei 180 Grad etwa 15 Minuten backen.

Angerichtet wird der Lachs auf dem lauwarmen Salat.

Ein sehr schönes Gericht für eine sommerliche Einladung mit wenigen Gästen!

Weißer und grüner Spargel mit gepfefferten Erdbeeren und brandenburgischem Landschinken

Wir brauchen ...

200g weißen Spargel
200g grünen Spargel
200g wunderschöne Erdbeeren
Schwarzen Pfeffer 1A Qualität (ich empfehle tasmanischen Bergpfeffer)
50g braunen Zucker
200g brandenburgischen Landschinken vom Fleischer des Vertrauens

Wir machen ...

Zuerst koche ich den Spargel ab. Dann putze ich die Erdbeeren und würze sie mit Pfeffer und Zucker. Nun beides zusammen schön anrichten und mit dem Schinken auf einem Teller schmücken.

Ein ganz einfaches Gericht, das Spaß macht und mein ganz persönlicher Klassiker zur Spargelzeit ist!

Spargel im Kräuter - Kartoffelnest gefangen

Wir brauchen ...

500g Spargel vom Bauern unseres Vertrauens
5 Stück sehr große Backkartoffeln
1 Zweig Rosmarin
1 Zweig Thymian
1 Zweig Blattpetersilie
1 Zweig Kerbel
3 Zehen Knoblauch
50g Mehl oder Speisestärke
500ml Olivenöl oder Butterschmalz

Was Sie noch brauchen oder vielleicht schon in Ihrer Küche haben: einen Gemüseschneider oder einen Fadenhobel oder einen Juliennschneider, um die Kartoffeln in feine Fäden schneiden zu können.

Wir machen ...

Zuerst koche ich den Spargel. Die richtige Herangehensweise finden Sie auf Seite 42. Dann schäle ich die großen Kartoffeln und schneide sie mit dem Fadenhobel in feinste Streifen. Diese vermische ich dann mit den Kräutern, die ich ganz klassisch fein hacke. Nun Mehl oder Speisestärke mit untermischen und alles ganz fest um den abgekochten Spargel wickeln. Dann Olivenöl oder Butterschmalz zusammen mit Knoblauch in eine Pfanne geben und den gewickelten Spargel mit in das heiße Fett geben und mehrmals vorsichtig wenden – so lange, bis sich eine goldbraune Kruste gebildet hat.

Spargel im Kalbspaillardmantel und Pesto

Wir brauchen ...

500g Spargel
400g Kalbsrücken
100g Pinienkerne
100g Parmesan
1 Bund Basilikum
1 kleine Knoblauchzehe
400ml Olivenöl
Butterschmalz
Meersalz

Wir machen ...

Den Kalbsrücken schneide ich in etwa 1cm dicke Scheiben und plattiere ihn hauchdünn. Für das Pesto nehme ich die Pinienkerne, Parmesan, Knoblauch, Meersalz, grob geschnittenes Basilikum und das Olivenöl und mixe diese aromatischen Zutaten mit einem Zauberstab. Eine gefährliche Mischung übrigens, weil man sie am liebsten gleich als Brotaufstrich auf Graubrot essen möchte. Das lasse ich natürlich schön bleiben und bestreiche das Fleisch mit meinem Pesto. Was übrig bleibt, nehme ich als Unterlage für die Paillardscheiben und lasse das Ganze ein bis zwei Stunden ziehen. Dann den Spargel abkochen (s. Seite 42), das Paillard in Butterschmalz von beiden Seiten anbraten und das Fleisch um die Spargelstangen wickeln und anrichten. Noch ein wenig vom Pesto als Sauce auf den Teller geben und fertig!

Wollen wir wetten, dass von dieser Mahlzeit überhaupt nichts übrig bleib?

Fleisch

Das gute alte Rinderfilet von Gut Hesterberg mit einem Blauschimmelkern (geflammt)

Wir brauchen ...
Nicht viel, nur sehr gute Qualität!

400g Rinderfilet
80g Blauschimmelkäse
(Sie können aber auch einen anderen Käse nehmen, wenn Sie keinen Blauschimmel mögen)
2 Knoblauchzehen
2 Zweige Rosmarin
2 Zweige Thymian
2 Zweige Salbei
Olivenöl
Meersalz und weißen Pfeffer

Wir machen ...

Das Rinderfilet, das ich mit viel Freude auf Gut Hesterberg ausgesucht habe, teile ich zuerst in zwei schöne Steaks. Dann schneide ich noch einmal: jeweils einen kleinen Kreis mit einer Vertiefung in die Mitte jedes Fleischstücks. Nicht durchschneiden!
Die beiden herrausgetrennten Stücke lege ich auf die Seite, so dass zwei ausgehöhlte Steaks übrig bleiben. Dann fülle ich die beiden großen Fleischstücke mit jeweils 40g Blauschimmelkäse und drücke diesen fest an. Nun mit den beiden kleinen entnommenen Steaks so gut verschließen, dass kein Käse mehr zu sehen ist.

Die gefüllten Steaks brate ich mit der geschnittenen Seite zuerst in einer Pfanne mit heißem Olivenöl zusammen mit den Kräutern und dem Knoblauch an. Dann wenden und von der anderen Seite brutzeln.

Wenn wir das getan haben, legen wir die Steaks auf einen Teller und bedecken sie mit den gerösteten Kräutern. Das Ganze nun im Ofen bei 180 Grad noch 15 Minuten backen

Mein Tipp: Einen absoluten Hinkucker erreicht man, wenn man das Steak mit ein wenig Stroh-Rum 80 übergießt und anzündet. Im Restaurant "Parzival" lasse ich gerne auch am Tisch flambieren. Meine Gäste schätzen diese wunderbar effektvolle Art der Zubereitung. Für manche mag das oldschool sein, ich liebe Feuer!

Gebackene Schweinekarbonade (Schweinekotelett) im Ganzen mit einer traumhaften Decke aus Kräuterpilzen und einem Dörrobstkern – und natürlich 4cl Kräuterlikör

Wir brauchen ...

400g Schweinekarbonade im Ganzen
50g Steinpilze
50g Austernpilze
50g braune Champignons
50g weiße Champignons
oder einfach nur Pilze ihrer Wahl
4 Knoblauchzehen
1 Zweig Rosmarin
1 Zweig Thymian
1 Salbei
Meersalz und weißen Pfeffer
200g Dörrobst
50g Butter
50g Butterschmalz

Wir machen ...

Zuerst gebe ich alle Pilze, die Knoblauchzehen und die Butter in einen Messbecher. Dann füge ich die Kräuter in gehackter Form hinzu. Mit Salz und Pfeffer würzen und ganz kurz mit dem Zauberstab mixen. Ja, wirklich ganz kurz! Wir sparen uns mithilfe des Mixers nur das mühsame Kleinhacken aller Zutaten.

Dann schneide ich das Dörrobst und bohre mit einem Stahlstab, mit dem man üblicherweise Messer wetzt, ein großes Loch in die Mitte der Karbonade. Hier gebe ich das Dörrobst hinein. Danach die Karbonade in Butterschmalz kurz von allen Seiten anbraten und mit Salz und Pfeffer bestreuen. Dann alles in einen Bräter legen und die obere Schicht der Karbonade bis zum Knochen mit der Pilz-Kräutermischung bedecken und im vorgewärmten Backofen bei 180 grad 45 Minuten braten. Danach zwischen den Knochen in etwa 3 cm große Stücke schneiden.

Die wichtigsten Zutat kommt am Schluss:
Der Kräuterlikör. Einfach dazu trinken!

Langsam geschmorte Zitronen-Lammhaxe mit Ruppiner Heidekräutern in einer milden Sauce ...

Wir brauchen ... dieses Mal viel Zeit, aber der Geschmack wird Sie belohnen!

2 Lammhaxen
5 Stangen Zitronengras
2 Zitronen
2 Limetten
300g braunen Zucker
200ml Zuckerrübensirup
100ml Ahornsirup
Meersalz und weißen Pfeffer
300ml Rotwein
2 Zweige Rosmarin
2 Zweige Thymian
4 Zweige Basilikum
1 Zweig Salbei
4 Knoblauchzehen
20g Butterschmalz

Wir machen ...

Die Lammhaxen brate ich zuerst in einem großen Topf mit Butterschmalz an. Dann füge ich alle Kräuter, das Zitronengras, geschnittene Zitronen, geschnittene Limetten und Knoblauch hinzu und brate die Gewürze kurz an. Nun salzen und pfeffern und mit 200ml Rotwein ablöschen.

Jetzt wird es süß! Mit Ahornsirup und Zuckerrübensirup runde ich den aromatischen Sud im Topf ab. Alles auch noch mit Zucker abschmecken und mit den verbleibenden 100ml Rotwein bedecken. Nun bei mittlerer Hitze 2,5 bis 3 Stunden köcheln lassen. Wenn zu wenig Flüssigkeit im Topf ist, einfach ein wenig Wasser dazu geben, so dass die Haxen immer im Sud liegen.

Wenn das Fleisch fertig ist, gießen wir den Sud durch ein Sieb und lassen die Sauce noch so lange kochen, bis sie dick wird. So erhalten wir die im Titel angekündigte wunderschön milde Sauce. Diese dann über die Haxe geben und fertig ist eines meiner absoluten Lieblings-Gerichte.

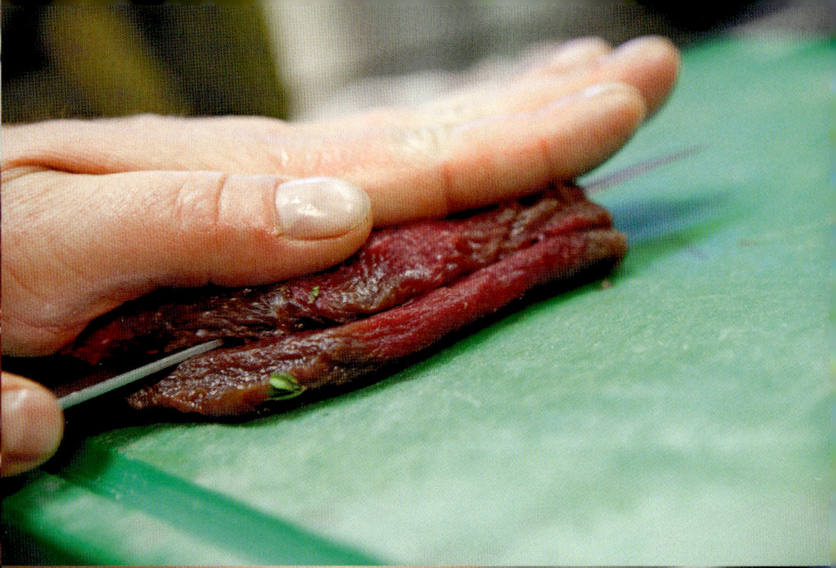

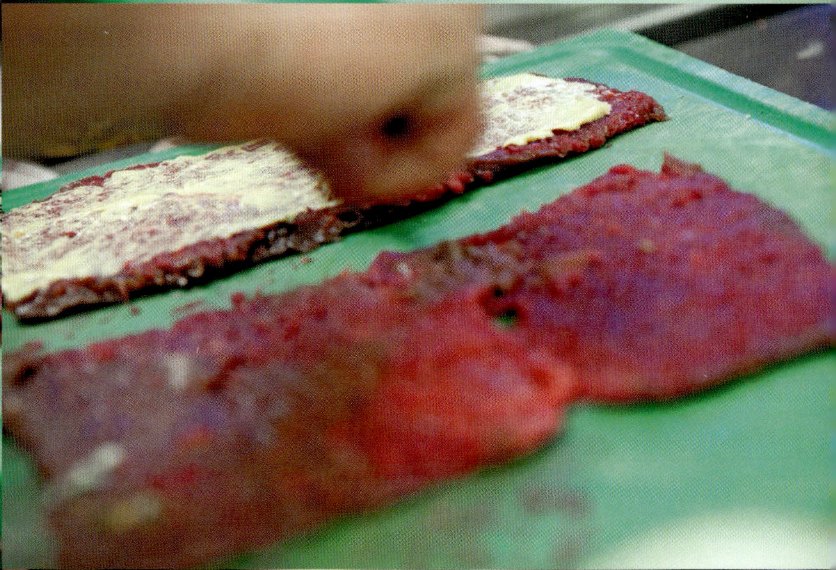

Roulade vom Strauß mit Spreewälder Gurken - ein Klassiker mit neuem Fleisch

Wir brauchen ...

300g Straußenfleisch
5 mittelgroße Spreewälder Gurken
2 rote Zwiebeln
4 dünne Scheiben Speck
3 EL Senf
Meersalz und weißen Pfeffer
500 ml Rotwein
1 Zweig Thymian
1 Zweig Salbei
1 Bund Kerbel
3 Knoblauchzehen
20g Butterschmalz

Wir machen ...

Das Straußenfleisch muss zuerst in zwei gleich große Teile geschnitten und pattiert werden - so, wie man das von der Rinderroulade kennt. Dann die Zwiebeln pellen, zusammen mit den Gurken in Streifen schneiden und den Knoblauch schälen und klein hacken. So weit, so gesund!

Dann den plattierten Strauß mit Senf bestreichen, mit Salz und Pfeffer würzen und mit den Speckscheiben belegen. Darauf kommen nun die roten Zwiebeln, die Gurken und der Knoblauch. Alles zusammen zu einer Roulade rollen. Diese anschließen in Butterschmalz anbraten. Die Kräuter zugeben, mit Rotwein ablöschen und etwa 25 Minuten bei 180 Grad im Backofen garen.

Falls Sie ein echter Fan von Rinderrouladen sind: geben Sie meinen Straußenrouladen eine Chance. Es lohnt sich!

Knoblauch-Zitronen-Hähnchen
(oder auch der gute alte Broiler)

Wir brauchen ...

1 Bio-Hähnchen (bitte aus der Region!)
7 Knoblauchzehen
4 Zweige Zitronengras
1 Bund Zitronenthymian
200g braunen Zucker
Meersalz & weißen Pfeffer
1 Liter Mangosaft

Wir machen ....

Zuallererst muss man das Hähnchen auslösen (zerteilen) und die Keulen und die Brust in eine Schüssel geben.
Dann schneide ich den Knoblauch, das Zitronengras und den Zitronenthymian klein und gebe diese köstlichen Gewürze zusammen mit dem braunen Zucker und dem Mangosaft in einen Messbecher.
Nun mit dem Zauberstab (Pürierstab) mixen.
Dann den nun asiatisch-mediterranen Mangosaft über das heimische Bio-Hähnchen geben, die Hähnchenteile darin einlegen und 24 Stunden ziehen lassen.
Am nächsten Tag schiebe ich mein Hähnchen zusammen mit dem Sud bei 180 Grad Celsius für 1,5 Stunden in den Backofen.

Sie werden es lieben!

Fisch

Kleine Geschichte ...

Wir - und damit meine ich das Hotel und mich als Küchenchef - bekommen unseren Zander frisch aus dem Ruppiner See.
Und wenn der Fischer meines Vertrauens zu uns kommt, ist das immer eine sehr lustige Sache. Der frische Fisch wird lebend, um nicht zu sagen noch sehr lebendig geliefert. Da ich meist nicht weiß, wie viel ich nehmen werde und wie groß die Fische sind, die der liebe Herr Ebert da bringt, ist es immer ein lustiges Schauspiel, den frischen Zander vom Kahn bis in die Küche zu bringen, ohne dass er mir aus dem Kescher springt. Meistens gelingt das schon, aber bei einen Zander mit 7kg Kampfgewicht müssen meine Lehrlinge das gute Stück mit in die Küche begleiten. Der Fisch hat es schließlich gar nicht gerne, wenn man ihm sein kühles Nass wegnimmt. Unsere Gäste, die dann gerade auf der Seeterrasse sitzen, finden: Das ist filmreif!

Süß-saures Saltimbocca vom Havelzander

Wir brauchen ...

1 Zanderfilet
4 Scheiben Schinkenspeck
1 Bund Salbei (am besten Zitronen-Salbei)
Meersalz
weißen Pfeffer
Butterschmalz
2 Knoblauchzehen
1 kleines Glas Spreewälder Senfgurken
1 kleines Glas Kapernäpfel
80g braunen Zucker
1 Orange
1 Zitrone
1 Bund Kerbel

Wir machen ...

Den Zander würze ich mit Salz und Pfeffer, belege ihn mit ordentlich Salbei und umwickle das Ganze gleichmäßig mit dem Speck. Sie ahnen, wie es weitergeht: das Butterschmalz kommt in eine Pfanne, wird erhitzt und mit der Zugabe der ganzen Knoblauchzehen, die ich kurz mit der Hand angedrückt habe, verfeinert. In dieses Fett lege ich nun meinen Fisch und brate ihn von allen Seiten gut an. Danach etwa 10 Minuten im Ofen backen.

In dieser Zeit wird es süß-sauer: den Zucker karamellisiere ich in der Pfanne und lösche ihn mit dem Saft einer Orange und einer Zitrone ab. Dann gebe ich ganze Kapernäpfel hinzu. Die Krönung sind nun in kleine Würfel geschnittene Senfgurken. Alles gut miteinander verrühren. Erst ganz am Schluss kommt der gezupfte Kerbel dazu!

Den Fisch mit der süß-sauren Sauce anrichten. Gelebter Genuss in Brandenburg!

Ruppiner Flusskrebsragout mit grünem Spargel und einen Hauch Basilikum & kleinen Eiertomaten

Kleine Geschichte ...

Schon zu Fontanes Zeiten waren Fisch und Krustentiere aus den Märkischen Seen sehr beliebt. So entstand wohl auch seinerzeit die Krustenplatte, die sich aus Krebsen und Fischen zusammensetzte.

Wir brauchen ...

500g Krebsschwänze
200g grünen Spargel
2 Knoblauchzehen
10 kleine Eiertomaten
3 Schalotten
2 Zweige Zitronenbasilikum
4 Zweige Basilikum
150ml Sauerrahm
5ml Olivenöl
Meersalz und weißen Pfeffer

Wir machen ...

Zuerst putze ich den grünen Spargel, schneide ihn in kleine Stücke und koche diese dann ab. Dann mache ich mich an das restliche Gemüse: die Tomaten halbiere ich nur, die Schalotten putze ich und schneide sie in kleine Würfel und zum Schluss hacke ich die Knoblauchzehen klein.

Anschließend die Krebsschwänze in Olivenöl kurz anbraten, die Schalotten, den Knoblauch und den Spargel dazu geben und alles zusammen noch einmal kurz in der Pfanne brutzeln lassen. Am Schluss mit Salz und Pfeffer würzen und mit dem Sauerrahm in der Pfanne kurz aufkochen. Dann die Eiertomaten zugeben und mit gezupften Basilikumblättern anrichten. Fertig!

Bachforelle vom Zippelsförder Fischer

Wir brauchen ...

1 frische Forelle
2 Knoblauchzehen
30g Ingwer
2 Zweige Basilikum
1 Zweig Zitronengras
½ Orange
Meersalz und weißen Pfeffer

Wir machen ...

Zuerst säubere und wasche ich die Forelle und schneide sie vom Bauch aus auf. Dann reibe ich den Innenraum mit Meersalz und weißem Pfeffer ein. Nun den Knoblauch und den Ingwer fein hacken und mit in die Öffnung geben.

Die Basilikumzweige und das Zitronengras lege ich im Ganzen in den Fisch. Dann brate ich die Forelle in einer heißen Pfanne mit Butterschmalz an. Wenn Sie nun denken, dass ich das Panieren in Mehl vergessen habe: wir brauchen kein Mehl. Ehrlich!

Wenn die Forelle goldbraun gebraten ist, geben wir sie noch für 10 Minuten bei 180 Grad in den Ofen. Nach dem Backen beträufle ich den Fisch noch mit Orangensaft.

So, und sagen Sie nun nicht, dass Ihnen das Mehl fehlt!

Im Frühlingstee pochierter Wels auf Mairübchen und Roter Beete

Wir brauchen ...

Wels
200g Frühlingstee (oder auch Ihre Lieblings-Teesorte)
100g braunen Zucker
1 Stange Zitronengras
Meersalz und weißen Pfeffer
3 kleine Mairübchen
3 kleine Knollen Rote Beete
1 kleinen Bund Kerbel
1 kleinen Bund Estragon
1 kleinen Bund Zitronenbasilikum
8cl Weißweinessig
40g braunen Zucker

Wir machen ...

Zuerst koche ich den Tee mit braunem Zucker und Zitronengras auf und lasse ihn 20 Minuten ziehen. Danach das Gebräu durch ein Sieb in einen Messbecher abgießen, um den Sud zu separieren. Diesen nun zusammen mit dem Wels in einen Topf geben und 10 Minuten köcheln lassen.

Dann putze und koche ich die Mairübchen und die Rote Beete und schneide sie in gleichmäßige Scheiben. Weißwein und Zucker in eine Pfanne geben und die Gemüsescheiben hinzufügen. Kurz kochen und zum Schluss die gezupften Kräuter unterrühren.

Wetten, dass Sie dieses Gericht noch nie gegessen haben?

Stör mit schwarzen Oliven und kleinen Eiertomaten - mit einem eisgekühlten Glas Martini Bianco

Wir nehmen ...

1 Stör
100g schwarze Oliven
100g aromatische Eiertomaten
1 Bund Basilikum
Meersalz und weißen Pfeffer
1 Knoblauchzehe
1 Orange
Olivenöl
1 Zweig Rosmarin

Wir machen ...

Zuerst gebe ich Olivenöl in eine Pfanne und backe meinen Rosmarinzweig und den Knoblauch leicht darin aus. Den Knoblauch in der Schale belassen und nur mit der Hand andrücken.
Dann kommt der Stör dazu. Wichtig: von allen Seiten gut anbraten!
Das Ganze schiebe ich anschließend für 10 Minuten in einen auf 180 Grad vorgeheizten Backofen.

In der Zwischenzeit halbiere ich die Tomaten und die Oliven und lege sie zusammen mit dem Basilikumzweig in die Pfanne, in der sich noch das Öl befindet, das sich schon ganz wunderbar mit dem Aroma des Fisches verbunden hat. Alles kurz erhitzen. So kurz, dass die Tomaten nicht matschig werden. Auch beim anschließenden Salzen sollte man vorsichtig sein. Wirklich nur wenig nehmen, da die Oliven schon einen salzigen Geschmack mitbringen.

Zum Schluss die gezupften Basilikumblätter noch in der Pfanne schwenken und fertig!
Alles schön anrichten und nur noch Saft einer Orange über das ganze Gericht geben.

Kleine Geschichte…

Der Martini Bianco hat natürlich nicht direkt etwas mit der Märkischen Schweiz oder gar mit Neuruppin zu tun. Für mich aber schon: Ich war als Jugendlicher mit Freunden beim Zelten und einer hatte eine Flasche Martini dabei. Der Geschmack wird sich für mich immer mit einer Erinnerung an eine besonders schöne Zeit verbinden. Und deswegen trinke ich ihn gern zu einem meiner liebsten – regionalen – Fischgerichte, das zudem auch noch ganz einfach und schnell zu machen ist!

Wild aus
unserer
Region

Wildschweinrücken geschmückt mit Shiitake und Steinpilzen

Wir brauchen ...

1 Wildschweinrücken - ca. 500g oder mehr oder weniger
1 Bund Basilikum
4cl Olivenöl
15g Pinienkerne
30g Parmesan
Meersalz und weißen Pfeffer
2 Zweige Rosmarien
2 Zweige Thymian
4 Knoblauchzehen
250g Shiitakepilze
250g Steinpilze

Wir brauchen ...

Zuerst gebe ich Basilikum, Olivenöl, Pinienkerne und Parmesan in einen Messbecher und mixe mit dem Zauberstab so lange, bis ich mich über wunderschöne Paste freuen kann.

Dann brate ich den Wildscheinrücken in einer Pfanne scharf an. Fertig bin ich, wenn eine saftige dunkle Kruste entstanden ist. Diese verschließt die Poren, so dass keine Flüssigkeit mehr entkommt. Der Geschmack soll uns ja erhalten bleiben!

Nun den Rücken in eine Bratenform legen und mit unserer Paste auf allen Seiten zudecken. An dieser Stelle müssen Sie sich arg zusammen reißen: die Paste kommt wirklich auf das Fleisch und nicht direkt in den Mund!

Dann schneide ich die mit einem kleinen Messer und keinesfalls mit Wasser gesäuberten Pilze in großzügige Scheiben und lege sie auf die obere Seite unseres eingeschmierten Wildschweinrückens. Die beiden Pilzsorten werden jeweils abwechselnd geschichtet.

Den Ofen habe ich auf 200 Grad vorgewärmt, so dass ich den Rücken schon bei hoher Temperatur in die Backröhre schieben kann. Die Gradzahl wird dann aber sofort auf 150 gesenkt. Die Bratdauer beträgt 25 Minuten.

Kleine Geschichte ...

Wildschweine sind für viele auf dem Teller am besten aufgehoben. Ihr Fleisch ist herrlich saftig und überzeugend aromatisch. Der Ruf der Keiler und Bachen – so die Bezeichnung für männliche und weibliche Tiere - in freier Wildbahn ist nicht sehr ruhmreich. Sie sind wehrhaft und angriffslustig und gehörten dennoch in Urzeiten zum wichtigsten Jagdwild der Menschen. Denn für mich ist das Wildschwein immer die liebste Beute der Comicfigur Obelix. Mein kulinarischer Bruder im Geiste!

Hirschrücken mit einer Ziegenkäse-Honig-Füllung

Wir brauchen ...

500g Hirschrücken (gerne auch etwas mehr)
150ml Honig
500g Ziegenkäse
Salz und Pfeffer
2 Bund Kerbel
2 Bund Estragon
5 Knoblauchzehen

Wir machen ...

Zuerst verrühre ich mit dem Mixer in einer Schüssel Ziegenkäse und Honig und würze leicht mit Salz und Pfeffer. Dann hacke ich die Kräuter und den Knoblauch sehr fein und verrühre beides mit der süßen Käsemischung.

Den Hirschrücken brate ich scharf an, so dass sich alle Poren schließen und lasse das Fleisch kurz abkühlen. Anschließend mit einem Messer in die Mitte des Rückens einen langen Schlitz einschneiden.

Die Ziegenkäsemischung geben wir in einen Spritzbeutel und füllen mit der Masse sorgfältig die Öffnung des Rückens. Das Ganze in einen auf 220 Grad vorgewärmten Ofen geben und die Temperatur auf 160 Grad drosseln. Etwa 30 Minuten backen lassen.

Rehrücken gebacken mit einer blauen Schwedenkruste

Wir brauchen ...

1 Rehrücken
400g blaue Schweden (Kartoffeln)
1 TL Feigensenf
1 Prise Muskatnuss,
Meersalz & weißen Pfeffer
1 Ei
1 Zweig Zitronenbasilikum
1 Zweig Zitronensalbei
60g Butter
8cl Milch
100g Butterschmalz
2 Feigen
2 Knoblauchzehen

Wir machen ...

Für meine Kruste nehme ich gerne die blauen Schweden, die ich zuerst abkoche, dann pelle und schließlich zusammen mit Milch und Butter in eine Schüssel gebe. Dann schmecke ich mit Muskat, Salz und weißem Pfeffer ab und rühre alle Zutaten mit dem Mixer glatt.

Um einen frischen und leicht säuerlichen Geschmack zu erreichen, empfehle ich, fein gehacktes Zitronenbasilikum und Feigensenf unterzumischen. Eine perfekte Konsistenz entsteht allerdings erst, wenn man zum Abschluss ein Ei mit der Masse kräftig verrührt.

Dann Butterschmalz in eine Pfanne geben und darin Zitronensalbei und Knoblauch auslassen. Dann den Rehrücken kurz im heißen gewürzten Fett anbraten und etwas Meersalz und weißen Pfeffer zugeben.

Das fertige Pürree in einen Spritzbeutel füllen und gleichmäßig auf dem Rehrücken verteilen - das ergibt eine etwa 1cm dicke Schicht. Dann die beiden Feigen halbieren und mit auf die Kruste legen.

Zum abschließenden Backen gebe ich den Rehrücken in einen auf 220 Grad vorgeheizten Backofen, den ich direkt auf 180 Grad zurück drehe. Nach 10 bis 15 Minuten aus dem Ofen nehmen. Fertig!

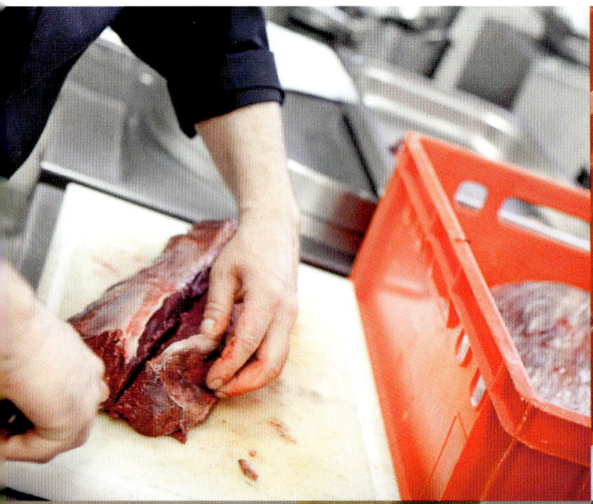
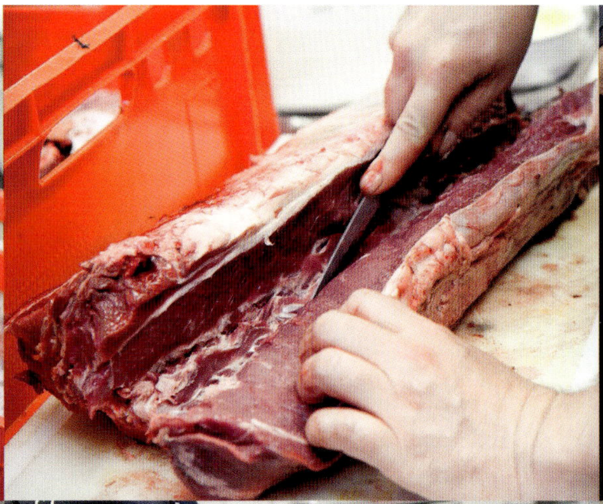

Kleine Geschichte …

Ich bin ein großer Freund von liebevoll gezüchteten oder handwerklich brillant angefertigten Produkten. Die Birne gehört zu meinen liebsten Früchten und der Birnbaum wurde in Babylon als heiliger Baum verehrt. Was sollte dazu dann besser passen als der Ruppiner Klosterlikör?

Der gute alte Apfelkuchen ...

Wir brauchen ...

350g Mehl
1 Prise Salz
1 TL Zimt
100g Zucker
180g Margarine
1 Ei
500g Äpfel
(am besten Eure Lieblingssorte)
500g Birnen
2 TL Zitronensaft
200g Aprikosenmarmelade

Wir machen ...

Für den Teig mische ich zuerst Mehl mit Salz, Zimt und Zucker. Die Butter schneide ich in kleine Stücke und gebe sie mit dem Ei und einigen Esslöffeln eiskaltem Wasser dazu. Wenn ich die Zutaten nun verknete, entsteht ein wunderbar glatter Teig.

Zwei Drittel vom Teig nun zu einer Kugel rollen und auf einer bemehlten Fläche zu einem etwa 28 cm großen Kreis ausrollen. Das andere Drittel ebenfalls zu einer Kugel rollen und zu einem 22-24 cm großen Kreis ausrollen. Beide Teigkreise vorsichtig in den Kühlschrank legen und 1 Stunde ruhen lassen.

Nun schälen wir die Äpfel und Birnen, vierteln und entkernen sie und schneiden anschließend in Scheiben. Den Zitronensaft verrühren wir mit dem Zucker und geben diesen über die Äpfel und Birnen - genau so, wie es Ihre Großmutter auch schon gemacht hat.

Den großen Teigkreis nun in eine 24er Springform geben und den Teig am Rand etwa 2-3 cm hoch ziehen. Die Äpfel und Birnen einfüllen, alles mit der Aprikosenmarmelade bestreichen, den kleinen Teigkreis darauf legen und mit dem Teigrand zusammendrücken. Nun den Kuchen im Ofen bei 180 Grad ca. 35 Minuten backen.

Falls Sie selbst Marmelade aus den Mirabellen in Ihrem Garten einkochen:
Diese passt natürlich auch hervorragend!

Kleine Geschichte ...

Heute nennt man den guten alten Apfelkuchen mit Birne gerne "Apfel & Birnen Pie" und im Seehotel servieren wir ihn am liebsten lauwarm und mit Vanilleeis.

Lauwarm haben meine Großmutter und meine Mutter den Kuchen auch auf den Tisch gestellt, weil wir Kinder nicht darauf warten wollten, bis er endlich abgekühlt war. Eis gab es eher selten bei uns. Höchstens mal sonntags.

Zur "Pie": Ich mag viele der neuen Worte für eigentlich alte Rezepte, möchte aber die herrlichen Begriffe aus meiner Kindheit auch feiern. Bei mir heißt Dessert deswegen auch immer Kompott.

Berliner Luft mit Limette, Zitronenthymian und Melisse

Wir brauchen ...

4 Eier
6 Blätter weiße Gelatine
100g Puderzucker
abgeriebene Schale und Saft von einer unbehandelten Zitrone
8 EL trockener Weißwein
1 Prise Salz
1 Limette
1 Zweig Zitronenthymian
6 Blätter von Zitronenmelisse

Wir machen ...

Zuerst weiche ich die Gelatine für 10 Minuten in kaltem Wasser ein. Dann trenne ich die Eier in zwei verschiedenen Schüsseln. Das Eigelb schlage ich mit einem elektrischen Mixer oder einem Schneebesen zusammen mit Puderzucker, Zitronenschale und Zitronensaft, Limettenschale und Limettensaft in einer Rührschüssel zu einer dicken Creme auf.

Dann erhitze ich Weißwein in einem Gefäß, bis er gut lauwarm ist und gebe die etwas ausgedrückte Gelatine unter Rühren dazu. Achtung: nicht aufkochen lassen!

Dann Melisse und Zitronenthymian klein hacken und unter die schaumig geschlagene Eigelbmasse rühren. Das Eiweiß mit einer Prise Salz in der zweiten Rührschüssel mit dem elektrischen Mixer zu steifem Eischnee schlagen und vorsichtig unter die Creme heben - das ergibt die berühmte Luft im Dessert.

Die Creme in vier Dessertschalen oder dekorative Weingläser einfüllen und im Kühlschrank erstarren lassen.

Buttermilchschnittchen mit frischen Beeren - einfach und lecker von meiner Frau

Wir brauchen ....

TEIL 1: DER TEIG
500g Margarine
3 Tassen Zucker
3 Eier
4 Tassen Mehl
2 Tassen Buttermilch (oder auch saure Sahne)
50g Kakao
2 TL Backpulver

TEIL 2: DIE GLASUR
100g Hartfett (am liebsten Kokosfett)
70g Butter
6 EL Zucker
6 EL Kakao
6 EL Wasser

Wir machen ...

Alle Zutaten aus Teil 1 in eine Schüssel geben und gut mit einem Mixer verrühren. Ab in eine Kuchenform und bei 160 Grad im Backofen 45 bis 55 Minuten backen.

Wenn der Grundteig dann fertig gebacken ist und noch abkühlen muss, hat man Zeit, die Glasur zu machen. Dafür alle Zutaten aus Teil 2 in einen kleinen Topf geben und aufkochen, bis die Masse flüssig ist. Dann schön cremig rühren und auf dem kalten Kuchen gleichmäßig verteilen. Nochmals alles abkühlen lassen und fertig!

Kleine Geschichte …

Das Land Brandenburg ist für seine Kuchen und Torten sehr bekannt. Da ist es ja klar, dass ich mein Herz einer Neuruppinerin geschenkt habe!

Reis Trautmannsdorf mit beschwipsten Früchten

Kleine Geschichte ...

Der Reis Trautmannsdorf ist mir aus meiner Kindheit in liebevoller Erinnerung geblieben. Ich habe die Süßspeise immer dann bekommen, wenn ich mit meinem Opa essen war. Damals natürlich noch ohne Alkohol.

Wir brauchen ...

800ml Milch
200g Milchreis
2 Päckchen Vanillezucker
1 Schale Himbeeren
4 TL Zucker
8cl Rum
6 Blatt Gelatine
½ Liter Sahne
200ml Orangensaft

Lieblingsfrüchte (Waldfrüchte, Erdbeeren usw.)
100g Zucker
8cl Rum

Wir machen ...

Die Früchte mit dem Zucker im Rum einlegen und ruhig einige Stunden ziehen lassen.

Für den Milchreis bringe ich die Milch, den Orangensaft, Reis, Vanillezucker und die Gelatine zum Kochen, gebe den Reis hinzu und lasse alles bei mittlerer Hitze ausquellen. Dann gebe ich den Rum dazu und hebe die gewaschenen Himbeeren vorsichtig unter, so dass sie ganz bleiben.

Nun die Sahne steif schlagen und unter den Reis ziehen. Diesen dann auf einem Teller zusammen mit den beschwipsten Früchten anrichten.

Die kinderfreundliche Variante ohne Alkohol schmeckt genauso gut.

Schlusswort

Ja das Schlusswort. Wohl das schwierigste Rezept in meinem Kochbuch. Was kann und muss man an dieser Stelle schreiben?

Auf jeden Fall erst einmal ein großes Dankeschön an alle, die an mich geglaubt haben, als es mir noch unmöglich erschien, so viele für mich selbstverständliche Handgriffe in eine klare Struktur zu packen. Die Idee, ein Kochbuch zu schreiben, kam nämlich von allen außer von mir - und nun bin ich überglücklich, dass ich so nachhaltig angestupst wurde.

Ein großes Danke an meine Lieferanten, die mich dabei unterstützt haben, ihre Produkte in diesem Buch zu präsentieren. Danke an die beiden super Fotografinnen Claudia und Petra (Ich wusste bis dato nicht, wie anstrengend es sein kann, Fotos zu machen). Ein super großes Danke an Susanne Finsterer, meiner Co-Autorin, die die Texte so geschrieben hat, dass man sie auch versteht, also von Kochdeutsch ins Deutsche übersetzt hat. Danke, danke, danke.

Und ein ganz besonderer Dank, der vom Herzen kommt, an die Person, die mich dazu inspiriert hat, Koch zu werden und die ich nie vergessen werde: meine Uroma. Oder wie wir sie in unseren Kinderzeiten liebevoll genannt haben: Oma Werda.

Im Endeffekt: Einfach nur Danke.

END
Habe

Im Endeffekt: